BEI GRIN MACHT SICH IHR WISSEN BEZAHLT

- Wir veröffentlichen Ihre Hausarbeit, Bachelor- und Masterarbeit

- Ihr eigenes eBook und Buch - weltweit in allen wichtigen Shops

- Verdienen Sie an jedem Verkauf

Jetzt bei www.GRIN.com hochladen und kostenlos publizieren

Bibliografische Information der Deutschen Nationalbibliothek:

Die Deutsche Bibliothek verzeichnet diese Publikation in der Deutschen National-
bibliografie; detaillierte bibliografische Daten sind im Internet über http://dnb.d-
nb.de/ abrufbar.

Impressum:

Copyright © 2015 GRIN Verlag
Druck und Bindung: Books on Demand GmbH, Norderstedt Germany
ISBN: 9783346047458

Annika Frings

Postmaterialismus in Kohorten. Wertewandel in verschiedenen Generationen

GRIN Verlag

GRIN - Your knowledge has value

Der GRIN Verlag publiziert seit 1998 wissenschaftliche Arbeiten von Studenten, Hochschullehrern und anderen Akademikern als eBook und gedrucktes Buch. Die Verlagswebsite www.grin.com ist die ideale Plattform zur Veröffentlichung von Hausarbeiten, Abschlussarbeiten, wissenschaftlichen Aufsätzen, Dissertationen und Fachbüchern.

Besuchen Sie uns im Internet:

http://www.grin.com/

http://www.facebook.com/grincom

http://www.twitter.com/grin_com

Institut für Soziologie und Sozialpsychologie

Sommersemester 2015

Seminar: Kultureller Wandel in der vergleichenden Umfrageforschung

Postmaterialismus in Kohorten
- Der intergenerationale Wertewandel -

Ausarbeitung Referat

Vorgelegt von:

Annika Frings

Studiengang: Soziologie und Empirische

Sozialforschung 2. Fachsemester

Inhaltsverzeichnis

1. Einleitung 3

2. Die Wertewandel Hypothese 4

3. Ergebnisse der Analysen 5

        3.1. Kohortenanalyse 6

        3.2. Periodeneffekte 7

        3.3. Weltweite Vergleiche 11

4. Zusammenfassung und Fazit 15

5. Literaturverzeichnis 17

1. Einleitung

Diese Arbeit beschäftigt sich mit dem Thema Postmaterialismus in Kohorten und bezieht sich dabei vor allem auf den Text von Ronald Inglehart und Christian Welzel, in denen sie sich mit dem Thema des intergenerationalen Wertewandels befassen. Insbesondere beschäftigen sie sich mit der Untersuchung der Muster, die den Generationenunterschieden zu Grunde liegen und Veränderungen verursachen. Allerdings handelt es sich bei dabei nicht um einen universellen Trend, sondern dieser tritt lediglich in Ländern auf, in denen eine sozioökonomische Entwicklung stattgefunden hat. Bei Abwesenheit einer wirtschaftlichen Entwicklung, tritt auch kein kultureller Wandel auf. Wenn jüngere und ältere Kohorten allerdings unter signifikant unterschiedlichen Bedingungen aufgewachsen sind, sollten sie sich in ihren Werten deutlich unterscheiden. Dies sollte laut Inglehart und Welzel in den meisten postindustriellen Ländern der Fall sein, da deren jüngere Generationen nicht mehr unter unsicheren Bedingungen aufwuchsen. Ältere Kohorten erlebten Rezessionen und die beiden großen Weltkriege, wodurch materielle Werte nicht gesichert waren. Jüngere Kohorten, die sogenannten Nachkriegskohorten, erlebten dagegen einen Wirtschaftsaufschwung und die Ausbreitung des Wohlfahrtsstaats. Wo also eine wirtschaftliche Entwicklung stattgefunden hat, sollte es zu einer Verschiebung auf den Wertedimensionen kommen (Inglehart/Welzel, 2005). Dabei lässt sich zwischen drei Wertedimensionen differenzieren: Materialismus und Postmaterialismus, Traditional und Secular-Rational sowie Survival und Self-expression. Materialistische Werte umfassen dabei Werte, die die wirtschaftliche und physische Sicherheit betreffen, während bei den postmateriellen Werten der Fokus auf Unabhängigkeit und Selbstverwirklichung liegt. Traditionelle Werte legen großen Fokus auf Religion, Respekt vor Autoritäten und beinhalten eine geringes Niveau von Toleranz sowie ausgeprägten Nationalstolz. Die Werte der Secular-rational Dimension sind dagegen genau gegensätzlich zu den traditionellen Werten. Die Bedeutung von Religion und Autoritäten nimmt ab, während Toleranz, beispielsweise gegenüber Themen wie Scheidung und Abtreibung zunimmt. In der dritten Wertedimension liegt der Fokus der Survival Werte auf harter Arbeit und Sicherheit, wohingegen die Verschiebung zu Self-Expression Werten mit einer zunehmenden Bedeutung von Selbstverwirklichung, Unabhängigkeit und Mitbestimmung einhergeht (Inglehart, 2008).

3

In den folgenden Kapiteln dieser Arbeit werde ich zunächst darauf eingehen, wie die Werte gemessen wurden, auf welchen Hypothesen die Theorie des intergenerationalen Wertewandels beruht und welche Annahmen Inglehart und Welzel daraus für ihre Analysen ableiten. Danach werde ich die Ergebnisse der von den Autoren durchgeführten Analysen darstellen und die wichtigsten Ergebnisse abschließend noch einmal kurz zusammenfassen.

2. Die Wertewandel Hypothese

Inglehart und Welzel gehen bei ihren Analysen von der Annahme aus, dass ein Wertewandel von materialistischen hin zu postmaterialistischen Werten stattfindet. Dabei definieren sie materialistische Werte als jene die die wirtschaftliche und physische Sicherheit betreffen, während postmaterialistische Werte Selbstverwirklichung und Unabhängigkeit umfassen.

Die Messung der Werte erfolgte dabei durch Erfassung eines 4-Item Fragekatalogs. Die Befragten sollten aus vier Items die beiden auswählen, die ihrer Meinung nach die wichtigsten sind. Die Befragten konnten wählen zwischen 1. Aufrechterhaltung der nationalen Ordnung, 2.Stärkeres Mitbestimmungsrecht bei politischen Entscheidungen, 3. Kampf gegen die Inflation und 4. Schutz der Redefreiheit. Auf Basis der Antworten wurden die Personen als Materialisten, Postmaterialisten oder Mischtypen eingruppiert. Befragte die Item eins und drei gewählt haben wurde als Materialisten, jene die Item zwei und vier gewählt hatten als Postmaterialisten eingestuft. Die restlichen Befragten wurden als Mischtypen eingruppiert (Inglehart, 1997).

Weiter basiert die Theorie des Wertewandels auf zwei Hypothesen, der Mangel- und der Sozialisationshypothese. Erstere geht davon aus, dass die Werte der Personen die wirtschaftlichen Bedingungen in den Gesellschaften wiederspielen, in denen diese Leben. Demnach liegt die Priorität zunächst auf lebenswichtigen Werten und erst wenn diese gegeben sind, erfolgt eine Verlagerung des Fokus hin zu postmaterialistischen Werten. Daher spielt die vergangene wirtschaftliche Entwicklung eine große Rolle bei der Erklärung des Wertewandels. In den meisten Ländern sind die jüngeren Generationen nicht mehr unter Bedingungen von Mangel und Bedrohung aufgewachsen. Dadurch sollte in diesen Ländern eine Verschiebung der Werte stattgefunden haben. Die zweite zu Grunde liegende Hypothese ist die Sozialisationshypothese, die davon spricht, dass die grundlegenden Werte durch die Bedingungen, die während der prägenden Jahre herrschten gebildet werden.

4

Demnach kommt es durch die besseren ökonomischen Bedingungen nicht sofort zu einer Änderung der Werte, sondern erst wenn jüngere Kohorten die Älteren ersetzen. Außerdem geben ältere Generationen ihre Werte an ihre Kinder weiter, wenn diese Werte aber inkonsistent mit den eigenen Erfahrungen der jüngeren Generationen sind, dann kommt es zu einer schrittweisen Änderung der Werte. Daher ist es wichtig, die Mangel- und die Sozialisationshypothese gemeinsam zu interpretieren (Inglehart/Welzel, 2005).

Ausgehend von der Mangel-und der Sozialisationshypothese, treffen Inglehart und Welzel einige Annahmen bezüglich des Wertewandels. Zum einen gehen sie davon aus, dass sich postmaterielle Werte vor allem in reichen Gesellschaften ausbreiten, die eine wirtschaftliche Entwicklung erlebt haben. Weiter treffen sie die Annahme, dass Phasen von Wohlstand und Wachstum die Verbreitung von postmateriellen Werten fördern sollten, während Phasen von wirtschaftlichen Krisen den gegenteiligen Effekt haben sollten. Wenn diese Krisen sehr lange andauern, kann dies sogar wieder zu einer Umkehr hin zum Materialismus führen. Kurze Krisen sollten dagegen nur kurzzeitige Veränderungen in den Werten verursachen und nicht dauerhaft sein. Außerdem wird erwartet, dass in Gesellschaften, die über längere Zeiträume Wohlstand und Wachstum erlebt haben, signifikante Unterschiede in den Werten von älteren und jüngeren Generationen bestehen sollten (ebd.).

3. Ergebnisse der Analysen

Bei Ihren Analysen hinsichtlich des Wertewandels fokussieren sich Inglehart und Welzel zunächst auf die Dimension von Materialismus und Postmaterialismus. Dies begründen sie dadurch, dass für dieses Konstrukt eine große Datenbasis vorhanden, da bereits seit 1970 Fragen im Eurobarometer gestellt wurden, die der Erfassung dieser Wertedimension dienen. Des weiterem ist die Dimension des Materialismus und Postmaterialismus ein guter Indikator für die zu erwartende Entwicklung der anderen beiden Dimensionen des Wertewandels. Auch lässt sich anhand dieser Analysen gut darstellen, dass ein Problem besteht, hinsichtlich der Unterscheidung von intergenerationalen Wertewandel, Lebenslaufeffekt und Periodeneffekten. (Inglehart/Welzel, 2005), Wie bereits im Abschnitt zuvor erwähnt, wurde die Theorie des intergenerationalen Wertwandels erstmals 1970 in sechs Ländern untersucht (GB, F, West-G, I, B, NL). Dabei zeigte sich, dass die älteren

Altersgruppen durchweg materialistsicher sind als die jüngeren Altersgruppen. In

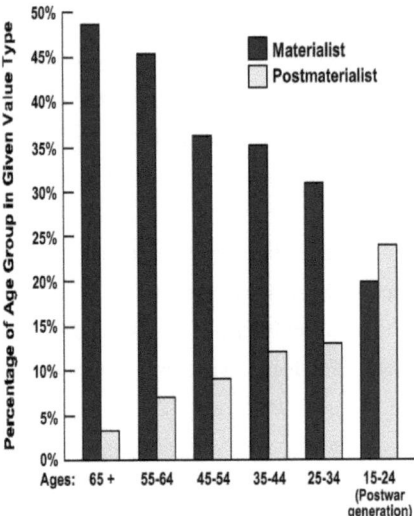

Abbildung 1 sind die gepoolten Daten für die sechs untersuchten Länder nach Altersgruppen dargestellt. Wie zu erkennen ist, dominieren in allen Altersgruppen, bis auf die Jüngste der 15 bis 24 Jährigen, die Materialisten. In der Gruppe der über 65jährigen sind fast 50% Materialisten, aber nur etwa 3% Postmaterialisten. Die Anzahl der Materialisten nimmt über die Altersgruppen hinweg ab, so dass in der Gruppe der 15 bis 24-jährigen nur noch etwa 20% als Materialisten eingestuft werden, fast 25% dagegen als

Abbildung 1: Wertetyp nach Altersgruppen in sechs westeuropäischen Ländern, 1970 (Quelle: Inglehart/Welzel, 2005)

Postmaterialisten. In dieser Altersgruppe ist erstmals die Zahl der Postmaterialisten höher, als die der Materialisten (ebd.)

Diese zu beobachtenden Unterschiede zwischen den Generationen wurden durch die Theorie des Wertewandels vorhergesagt. Allerdings lässt sich aus diesen Ergebnissen nicht erkennen, ob es sich bei dem zu beobachteten Muster wirklich um einen intergenerationalen Wandel handelt, oder doch um einen Lebenslaufeffekt. Dies lässt sich anhand dieser erste Betrachtung nicht differenzieren, da lediglich Daten für einen Zeitpunkt betrachtet wurden. Die einzige Möglichkeit herauszufinden, ob es sich bei dem beobachteten Muster um einen intergenerationalen Wandel oder einen Lebenslaufeffekt handelt, besteht darin eine Kohortenanalyse durchzuführen.

3.1. Kohortenanalyse

Um zu festzustellen, ob es sich bei der Verlagerung von Materialismus hin zum Postmaterialismus um einen Lebenslaufeffekt handelt, haben die Autoren eine Kohortenanalyse durchgeführt. Dazu war es nötig, die Geburtskohorten über einen längeren Zeitraum zu beobachten. Da die 4 Fragen Item Skala bereits seit 1970 im Eurobarometer erfasst wurde, sind für die sechs betrachteten Länder Daten über eine Zeitspanne von 35 Jahren vorhanden und damit ausreichend, um die benötigte Kohortenanalyse durchzuführen. Im Detail wurde hierzu jeweils die Position jeder Kohorte zu einem Zeitpunkt bestimmt, in dem ein Ratio aus dem prozentualen Anteil der Materialisten in einer Kohorte und dem prozentualen Anteil der Postmaterialisten in einer Kohorte gebildet wurde. In Abbildung 2 ist dargestellt, wie sich die Werte der Kohorten über den betrachteten Zeitraum entwickelt haben. Es ist ersichtlich, dass jüngere Kohorten postmaterialistischer als ältere Kohorten sind und dies auch über die ganze betrachtete Zeitspanne bleiben. Sie werden also im

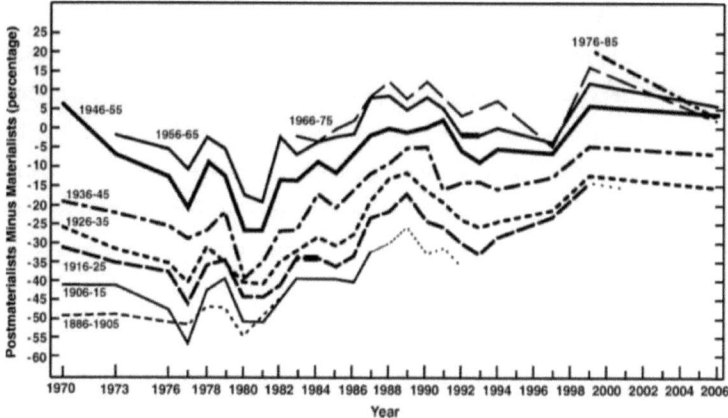

Abbildung 2: Kohortenanalyse: Anteil Materialisten und Postmaterialisten in sechs westeuropäischen Ländern (Quelle:Inglehart,2008)

Laufe der Zeit nicht materialistischer. Aus dieser Tatsache lässt sich schließen, dass es sich bei den auftretenden Altersunterschieden nicht um einen Lebenslaufeffekt handelt. Dafür müsste nämlich der Kurven verlauf anders sein und im Laufe der Zeit nach unten, hin zum materialistischen Pol, gehen. Ein weiteres Anzeichen dafür, dass es sich nicht um einen Lebenslaufeffekt handelt, ist die Tatsache, dass ein umfassender Wertewandel stattfindet. Es ist zu erkennen, dass jede Kohorte, die im Laufe der Zeit neu hinzukommt, weniger materialistisch ist als die vorherige und dies auch über den gesamten beobachteten Zeitraum so bleibt (Inglehart/Welzel, 2005; Inglehart, 2008).

3.2. Periodeneffekte

Wie bereits zu Beginn erwähnt, sagt die Wertewandel Hypothese ebenfalls voraus, dass Periodeneffekte eine Rolle spielen und Einfluss auf die Anzahl von Postmaterialisten in einer Kohorte nehmen. Abhängig davon, ob diese positiv oder negativ sind, können sie die Anzahl der Postmaterialisten erhöhen oder vermindern. Inglehart und Welzel haben, um den Einfluss von Periodeneffekten näher zu betrachten, die zuvor durchgeführte Kohortenanalyse durch Einbezug der Inflationsrate ergänzt. Diese nehmen sie als Indikator für die aktuelle wirtschaftliche Situation. Dabei ist zu beachten, dass die Skala für die Inflationsrate umgekehrt zur Skala des Ratios aus Materialisten und Postmaterialisten ist. Niedrige Inflationswerte sind somit oben im Graph und hohe Werte unten. Die Ergebnisse sind in Abbildung 3 illustriert und zeigen einen parallelen Verlauf von Inflation und postmateriellen Werten. Wenn die Inflationsrate steigt, dann sinkt die Anzahl der Postmaterialisten, nimmt die Inflation dagegen ab, erhöht sich der Anteil der Postmaterialisten in einer Kohorte wieder. Diesen Effekt begründen Inglehart und Welzel damit, dass eine hohe Inflation mit einer steigenden Verunsicherung bei den Menschen einhergeht und so zu einer Fokussierung auf materielle Werte führt und sich die Anzahl der Postmaterialisten verringert. Besonders stark zeigte sich dieser Zusammenhang während den Rezessionen Mitte der 1970er und Anfang 1980er Jahren, wo die Anzahl der Postmaterialisten in den Kohorten sehr stark abnahmen (Inglehart/Welzel, 2005).

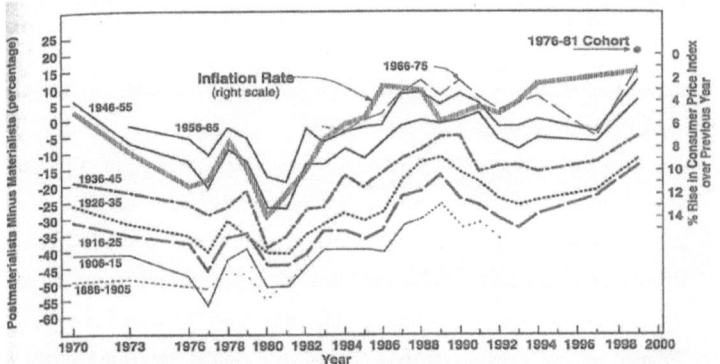

Abbildung 3: Kohortenanalyse in sechs westeuropäischen Ländern mit Inflationsrate, 1970-1999(Quelle: Inglehart/Welzel, 2005)

Allerdings handelt es sich bei diesen beobachteten Fluktuationen lediglich um kurzfristige Effekte, die verschwinden, wenn die wirtschaftliche Situation sich wieder verbessert. Langfristig sind die Werte der Kohorten stabil und bewegen sich um einen fixen Punkt. Außerdem lässt sich an dieser Abbildung erkennen, dass jüngere Kohorten über den gesamten Zeitraum von 1970 bis 1999, auch während Zeiten wirtschaftlicher Krisen, immer weniger materialistisch sind als die älteren Generationen (ebd.).

So lässt sich als Zwischenfazit festhalten, dass beide Effekte die von der Wertewandel Hypothese vorhergesagt wurden existieren. Der Periodeneffekt, der den Einfluss kurzfristiger Veränderungen erklärt und der Sozialisations- bzw. Kohorteneffekt, der die langfristigen Unterschiede zwischen den Generationen erklärt.

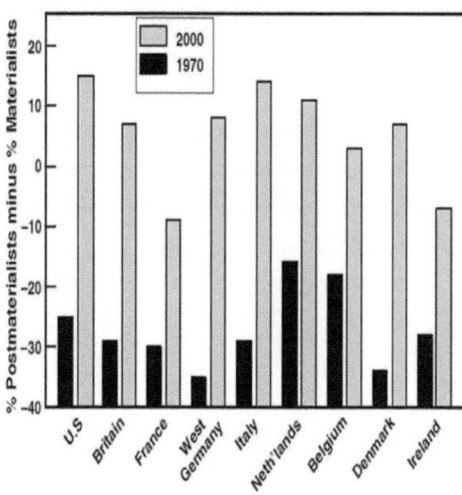

Langfristig sollten diese beiden Effekte zu einer Verschiebung von materialistischen zu postmaterialistischen Werten in der Gesellschaft führen. Um dieser Frage nachzugehen, haben Inglehart und Welzel Daten für neun Länder untersucht. Neben den bereits zuvor untersuchten sechs westeuropäischen Ländern, wurden zusätzlich Daten für Dänemark und Irland aus dem Eurobarometer 1973, sowie für die USA aus dem US National Election Survey von 1972 analysiert.

Abbildung 4: Die Verlagerung zum Postmaterialismus in neun westlichen Ländern, 1970-2000 (Quelle: Inglehart/Welzel, 2005)

Die Ergebnisse sind in Abbildung 4 dargestellt und zeigen, dass die vorausgesagte Verschiebung stattgefunden hat. Während im Jahr 1970 in allen Ländern die Materialisten deutlich zahlreicher waren, so dominieren im Jahr 2000 in fast allen Ländern die Postmaterialisten. Lediglich in Frankreich und Irland war zu diesem Messzeitpunkt das Ratio aus Postmaterialisten und Materialisten noch negativ und betrug etwa minus 10 Prozentpunkte. Aber auch hier konnte im Vergleich zu der Messung von 1970 eine Verschiebung festgestellt werden. Besonders auffällig sind auch die Veränderungen in West-Deutschland und Dänemark. Diese beiden Länder hatten bei der ersten Messung 35 bzw. 30 Prozentpunkte mehr Materialisten als Postmaterialisten, also ein negatives Ratio, welches sich bis zum Jahr 2000 drastisch verändert hat und nun bei + 10 bzw. + 5 Prozentpunkten liegt (Inglehart/Welzel, 2005).

9

Die gefundenen Ergebnisse bestätigen die Vorhersagen, dass ein intergenerationaler Wertewandel stattgefunden hat. Dieser ist allerdings nicht nur mit einer Verschiebung von materiellen zu postmateriellen Werten verbunden, sondern führt zu einem breiten kulturellen Wandel. Dieser führt zu Veränderungen bei den religiösen Orientierungen, dem politischen Engagement und einer veränderten Wahrnehmung der Geschlechterrollen. Materialistische Werte bestehen aber dennoch weiter, bedingt durch den Postmaterialismus allerdings in neuen Formen. Die Rede ist von einem Materialismus, der nicht länger dazu dient seine Klassenzugehörigkeit zu verdeutlichen, sondern als Materialismus zur Selbstdarstellung der eigenen Persönlichkeit und des Lebensstiles. Diese Verlagerung des Fokus von survival zu self-expression ist ein wichtiger Bestandteil des Postmaterialismus und verläuft genauso wie die Verschiebung von Materialismus zum Postmaterialismus (ebd.).

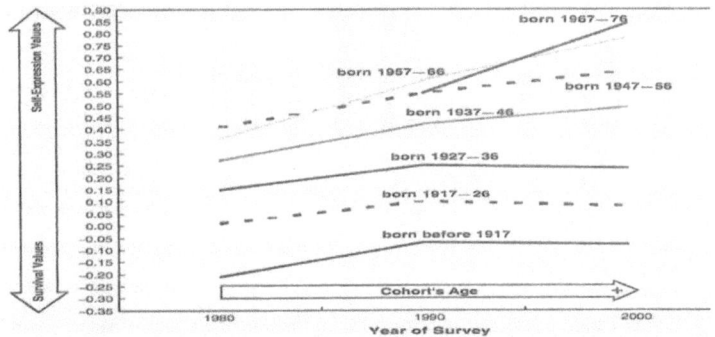

Abbildung 5: Self-expression Werte, 1980-2000 (Quelle: Inglehart/Welzel, 2005)
Die allgemeine Betrachtung der Entwicklung von self-expression Werten, dargestellt in Abbildung 5, zeigt, dass jüngere Kohorten von Beginn an einen stärkeren Fokus auf self-expression Werte legen. Auch findet sich hier kein negativer Lebenslaufeffekt, der die Unterschiede zwischen den jüngeren und älteren Kohorten erklä-ren würde. Der Fokus der jüngeren Kohorten auf self-expression Werte nimmt näm-lich mit zunehmendem Alter nicht ab, sondern verbleibt annähend auf dem Anfangsniveau. Es lässt sich demnach festhalten, dass rein intergenerationaler Werte-wandel auf der Dimension survival und self-expression stattgefunden hat, der die Unterschiede zwischen den Kohorten erklärt. Dies ist auch erkennbar an der Tatsa-che, dass jene Kohorten, die im Verlauf der Betrachtung hinzu kommen jeweils weniger starken Fokus auf survival Werte legen als die nächst ältere Kohorte legen.

(Inglehart/Welzel, 2005). Dies ist bis auf eine geringe Inversion am Anfang der Be-trachtung dieser Kohorten gegeben.

3.3. Weltweite Vergleiche

Bisher betrachteten Inglehart und Welzel lediglich einige wenige Länder, für die ausreichend Daten vorhanden waren. Im nun folgenden Kapitel wenden sich der Frage zu, wie sich die Werte im Rest der Welt verändert haben. Zunächst erfolgt eine Betrachtung allgemein für die Verschiebung vom Materialismus hin zum Postmaterialismus. Der zuvor festgestellte Wertewandel ist nicht global, sondern steht in engem Zusammenhang mit der wirtschaftlichen Entwicklung in einem Land. Die Untersuchung von 33 zusätzlichen Ländern, für die Daten über unterschiedlich lange Zeiträume vorhanden sind, zeigt dass in 14 Ländern eine Verschiebung Richtung Postmaterialismus stattgefunden hat, während sich die anderen 18 Länder davon weg, Richtung Materialismus entwickelt haben. Bei näherer Betrachtung der einzelnen Länder zeigt sich, dass die Entwicklung zum Postmaterialismus eher in reichen Ländern auf tritt, während Länder mit geringem Einkommensniveau materialistischer werden. Die Unterschiede zwischen reichen und armen Ländern haben sich also nicht verringert, sondern im Gegenteil weiter vergrößert (Inglehart/Welzel, 2005).

Im zweiten Schritt betrachten die Autoren im Detail, wie sich die Werte zwischen verschiedenen Ländern hinsichtlich der Dimensionen survival und self-expression sowie traditional und secular-rational unterscheiden. Dazu vergleichen sie sieben Geburtskohorten in unterschiedlichen Ländern. Allerdings betrachten sie nicht, wie in den Abschnitten zuvor, wie sich diese Geburtskohorten über die Zeit verändert haben, sondern lediglich die Unterschiede zwischen den Generationen zu einem Zeitpunkt.

Zur besseren Darstellung werden die Länder, auf Basis ihrer sozioökonomischen Entwicklung, in fünf Typen eingruppiert. Die erste Gruppe wird als Postindustrial Democracies bezeichnet und umfasst Länder mit einem GDP von über 10.000$, die in den vergangenen Jahrzehnten ein starkes Wirtschaftswachstum erfahren haben. Die zweite Gruppe bilden jene Länder, die nicht kommunistisch sind, ein GDP zwischen 5000 und 10.000$ haben und ein Wirtschaftswachstum wie die Postindustrial Democracies hatten. Die dritte Gruppe bilden die Low-income societies, die ebenfalls nicht kommunistisch sind, deren GDP aber unter 5000 $ liegt.

11

Diese Länder haben nur ein geringes Wachstum ihrer Wirtschaft erfahren und waren von Anfang an arm. Dann unterscheiden Inglehart und Welzel noch zwischen zwei Typen der ex-kommunistischen Länder. Die Western ex-communist countries sind katholisch oder protestantisch geprägt, verfügen über ein GDP von 5000 bis 10.000$ und erlebten ein starkes Wirtschaftswachstum in ihrem Land. Die Eastern ex-communist societies hingegen sind orthodox oder islamisch. In dieser Gruppe sind alle ehemaligen Sowjetstaaten, mit Ausnahme der baltischen Länder, sowie die Länder Albanien, Bosnien, Serbien und Rumänien eingruppiert. Diese Länder hatten am Anfang nur ein geringes durchschnittliches Einkommen, haben aber über die Jahrzehnte ein starkes wirtschaftliches Wachstum erlebt, dass durch den Zusammenbruch der Sowjetunion allerdings einen starken Einbruch erlebt hat (Inglehart/Welzel, 2005).

Die Ergebnisse der Unterschiede hinsichtlich der Dimensionen traditional und secular-rational sind in Abbildung 6 dargestellt. Es zeigt sich, dass die größten Unterschiede in den postindustriellen Demokratien und den ehemaligen kommu-

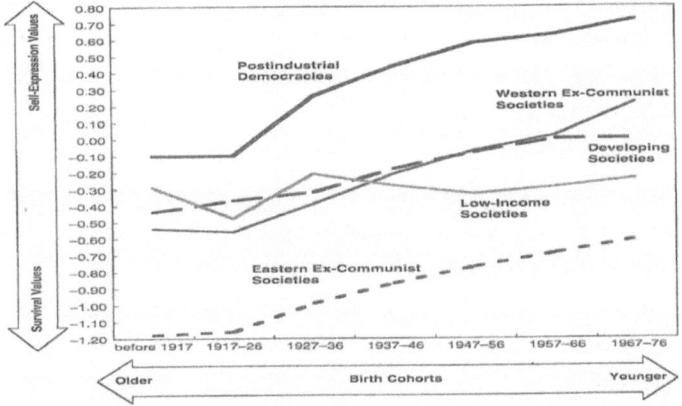

Abbildung 6: Intergenerationale Unterschiede in traditionellen und säkular-rationalen Werten in den fünf Gesellschaftstypen (Quelle: Inglehart/Welzel, 2005)

nistischen Gesellschaften, sowohl den westlichen als auch den östlichen, zu finden sind. Geringer ausgeprägt sind die Unterschiede dagegen in developing societies und in low income societies bestehen gar keine Unterschiede. Aus diesen Ergebnissen schlussfolgern Inglehart und Welzel, dass die Veränderungen der wirtschaftlichen Bedingungen eine wichtige Rolle zu spielen scheinen. Ältere Kohorten in westlichen und östlichen Ex-kommunistischen Ländern haben mehr säkular-rationale Werte als in allen anderen Gesellschaften. Bedingt ist dies zum einem durch das starke Wirtschaftswachstum, dass diese Altersgruppen während ihrer prägenden Jahren erfahren haben und andererseits durch die Kampagnen zur Verdrängung von traditionellen und religiösen Werten, die es in den ehemaligen kommunistischen Ländern gegeben hat. Die Ergebnisse bestätigen die zu Beginn aufgestellte Annahme, dass die größten Generationenunterschiede in Gesellschaften zu finden sein sollten, die über lange Zeit wirtschaftliches Wachstum erfahren haben. Denn neben den ehemaligen kommunistischen Ländern gab es auch in den Postindustrial Democracies ein starkes Wirtschaftswachstum und diese drei Typen weisen, wie Abbildung 6 zu entnehmen ist, die größten Unterschiede zwischen den Generationen auf (ebd.)

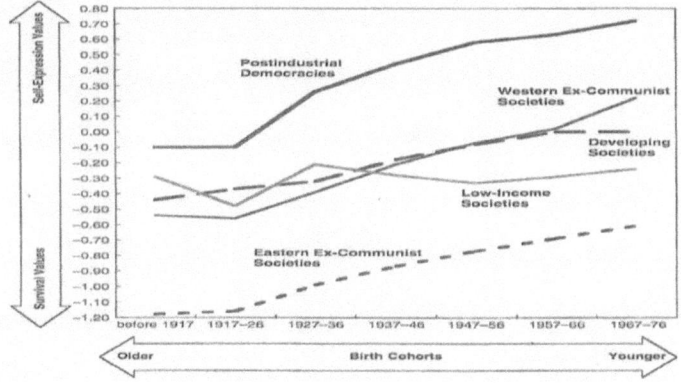

Abbildung 7: Intergenerationale Unterschiede in survival/self-expression Werten in den fünf Gesellschaftstypen (Quelle: Inglehart/Welzel, 2005)

Ein ähnliches Muster zeigt sich auch bei der Betrachtung der Dimension von survival und self-expression Werten (Abbildung 7). Auch hier weisen die Postindustrial Democracies sowie die beiden Typen von Ex-kommunistischen Ländern die größten Unterschiede zwischen den Generationen auf. Geringere Unterschiede bestehen in den developing societies und keine in den low income societies. In diesen Ländern legen die jüngeren Generationen genauso starken Fokus auf survival Werte wie die Älteren. Auffällig und anders im Vergleich zur zuvor betrachteten Dimension ist hingegen, dass die Eastern ex-communist Länder besonders niedrige Werte bei self-expression haben. In diesen Ländern liegt der Fokus sehr stark auf den survival Werten und ist sogar größer als in den low-income societies. Daher betrachten Inglehart und Welzel die östlichen Ex-kommunistischen Länder noch einmal im Detail. Sie gehen davon aus, dass es sich bei dem beobachteten Muster um einen Periodeneffekt handelt, der auf das miterleben von traumatischen Ereignissen zurückzuführen ist. Allerdings ist die Datenbasis nicht ausreichend, um zu analysieren, ob die Ergebnisse auf kurzzeitige oder langzeitige Effekte zurückzuführen ist, da für die meisten ex-kommunistischen Länder lediglich Daten seit 1990 bzw. 1995 vorhanden sind. Sie treffen aber die Annahme, dass es sich um einen kurzfristigen Effekt handelt, der durch den Zusammenbruch der Sowjetunion und den damit einhergehenden Zusammenbruch des Wirtschafts- und Sozialsystems in diesen Ländern verursacht wurde (Inglehart/Welzel, 2005).

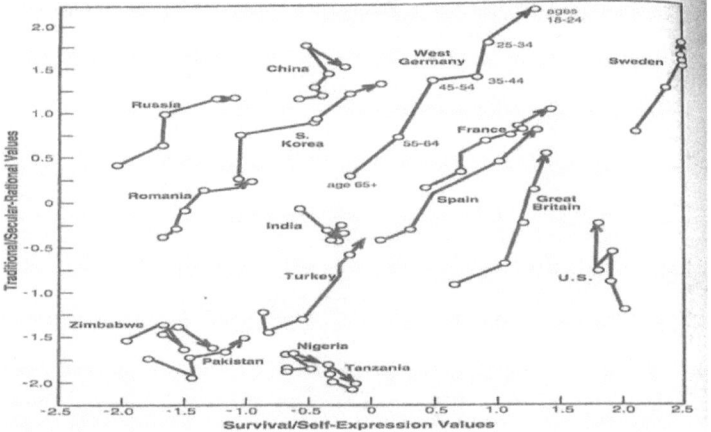

Abbildung 8: Generationenunterschiede in ausgewählten Ländern (Quelle: Inglehart/Welzel, 2005)

Abschließend wurden einige Länder noch einmal im Einzelnen im Hinblick auf die Generationenunterschiede betrachtet und dazu auf Basis ihrer Ausprägung auf den beiden Dimensionen traditional/secular-rational sowie survival/self-expression eingeordnet. Dabei zeigt sich, dass West-Deutschland die größten Unterschiede zwischen den Generationen aufweist. Dies ist laut Inglehart und Welzel darauf zurückzuführen, dass die Generationen in West-Deutschland sehr unterschiedliche Erfahrungen gemacht haben. Die Älteren haben unter den starken Auswirkungen von Rezession und Krieg gelitten, während die Jüngeren in einem Staat aufgewachsen sind, der von wirtschaftlichen Wachstum und Wohlstand gekennzeichnet ist. Große Unterschiede zeigen sich auch in Spanien und Korea, die darauf zurückzuführen sind, dass die älteren und jüngeren Generationen in diesen Ländern in ganz unterschiedlichen Systemen aufgewachsen sind. Die Älteren lebten in instabilen Autokratien, während die Jüngeren in aufstrebenden Demokratien aufwuchsen. Insgesamt lässt sich festhalten, dass dort wo ein intergenerationaler Wandel stattfindet, eine Verschiebung hin zu säkularen und self-expression Werten zu beobachten ist. Allerdings sind diese Generationenunterschiede nicht überall zu finden. So zeigen Indien, Nigeria und Tansania keine klare Tendenz für einen Wertewandel und nur geringe Veränderungen zwischen den Generationen finden sich in Pakistan und Zimbabwe (Inglehart/Welzel, 2005).

4. Zusammenfassung und Fazit

Von der Theorie des Wertewandels wurde vorhergesagt, dass es zu einem Wertewandel zwischen den Generationen kommt, der aber nicht universell ist, sondern in Abhängigkeit mit der sozioökonomischen Entwicklung in einem Land steht. Die von Inglehart und Welzel durchgeführten Analysen tragen zur Bestätigung dieser Theorie bei. Es zeigte sich, dass die älteren und jüngeren Kohorten in Ländern, die in den vergangenen Jahrzehnten ein starkes Wirtschaftswachstum erfahren haben, sich deutlich in ihren Werten unterscheiden. Dies ist zutreffend für alle drei Wertedimensionen. Ältere Altersgruppen sind deutlich materialistischer und legen ihren Fokus stärker auf survival und traditionelle Werte. Während die jüngeren Generationen postmaterialistischer sind und ihren Fokus auf secular-rational und self-expression Werte legen.

Es zeigte sich allerdings auch, wie von der Wertewandel Hypothese vorhergesagt, dass der Wertewandel nicht universell ist. Zwischen den Generationen in Ländern, die kein merkliches Wirtschaftswachstum erlebt haben, bestehen keine Unterschiede in den Werten. In diesen bleibt auch der Fokus der jüngeren Altersgruppen auf materialistischen, traditionellen und survival Werten. Dies liegt darin begründet, dass die jüngeren Generationen eben nicht, wie benötigt, unter signifikant anderen Bedingungen wie die Älteren aufgewachsen sind.

Die Autoren ziehen aufgrund dieser Ergebnisse die Schlussfolgerung, dass ein weitreichender kultureller Wandel stattfindet, der durch den Generationenaustausch und die stattgefundene wirtschaftliche Entwicklung verursacht wurde (Inglehart/ Welzel, 2005; Inglehart, 2008).

5. Literaturverzeichnis

Inglehart, Ronald, 1997: Modernization and Postmodernization. Cultural, Economic, and Political Change in 43 Societies. Princeton, NJ: Princeton University Press.

Inglehart, Ronald & Christian Welzel, 2005. Modernization, Cultural Change, and Democracy. Cambridge: Cambridge University Press.

Inglehart, Ronald, 2008: Changing Values Among Western Public from 1970 to 2006. West European Politics 31: 130-146.